A Roma vive un ragazzo che si chiama Marco.

Ho un coniglio.

È grande.
Si chiama Dido.
È grigio.

Che bello !
Mi piacciono i conigli.

Mi piacerebbe avere
un coniglio.

Ciao Marco !
Hai un animale domestico?
No, non ho un animale domestico.
E tu, Antonio? Hai un animale
domestico?

Ho un serpente.

È grande.
Si chiama Hugo.
È verde.

Che bello !
Mi piacciono i serpenti.

Mi piacerebbe avere un serpente.

Ciao Marco !
Hai un animale domestico?
No, non ho un animale domestico.
E tu, Anna?
Hai un animale domestico?

Ho un gatto.

È piccolo.
Si chiama Cocco.
È bianco.

Che bello !
Mi piacciono i gatti.

Mi piacerebbe avere un gatto.

Ciao Marco !
Hai un animale domestico?
No, non ho un animale domestico.
E tu, Eva?
Hai un animale domestico?

Ho un pesce.

È piccolo.
Si chiama Nemo.
È arancione.

Che bello!
Mi piacciono i pesci.

Mi piacerebbe avere un pesce.

Ciao Marco !
Hai un animale domestico?
No, non ho un animale domestico.
E tu, Carlos?
Hai un animale domestico?

Ho un cane.

È grande.
Si chiama Valentino.
È marrone.

Che bello !
Mi piacciono i cani.
Mi piacerebbe avere un cane.

Non ho un animale domestico!

Un giorno Marco trova un euro.

Marco esprime un desiderio.

Marco torna a casa.

Ho un cavallo!

È grande.
Si chiama Apollo.
È marrone.

Adesso Marco ha un animale domestico.

I hope you have enjoyed this story! Try to look back at the Italian words from time to time to help you remember them. Reviews help other readers discover my books so please consider leaving a short review on the site where the book was purchased. Your feedback is important to me. Thank you! And have fun learning Italian! It's a lovely language to learn! Joanne Leyland

Hai un animale domestico? (Do you have a pet?)

<table>
<tr><th>Italian</th><th>English</th></tr>
<tr><td>

A Roma vive un ragazzo che si chiama Marco.

Ciao Marco! Hai un animale domestico?

No, non ho un animale domestico.

E tu, Rosa? Hai un animale domestico?

Ho un coniglio. È grande. Si chiama Dido. È grigio.

Che bello! Mi piacciono i conigli.

Mi piacerebbe avere un coniglio.

Ciao Marco ! Hai un animale domestico?

No, non ho un animale domestico.

E tu, Antonio? Hai un animale domestico?

Ho un serpente. È grande. Si chiama Hugo. È verde.

Che bello! Mi piacciono i serpenti.

Mi piacerebbe avere un serpente.

Ciao Marco ! Hai un animale domestico?

No, non ho un animale domestico.

E tu, Anna? Hai un animale domestico?

Ho un gatto. È piccolo. Si chiama Cocco. È bianco.

Che bello! Mi piacciono i gatti.

Mi piacerebbe avere un gatto.

Ciao Marco! Hai un animale domestico?

No, non ho un animale domestico.

E tu, Eva? Hai un animale domestico?

Ho un pesce. È piccolo. Si chiama Nemo. È arancione.

Che bello! Mi piacciono i pesci.

Mi piacerebbe avere un pesce.

Ciao Marco! Hai un animale domestico?

No, non ho un animale domestico.

E tu, Carlos? Hai un animale domestico?

Ho un cane. È grande. Si chiama Valentino. È marrone.

Che bello! Mi piacciono i cani.

Mi piacerebbe avere un cane.

Non ho un animale domestico!

Un giorno Marco trova un euro.

Marco esprime un desiderio.

Mi piacerebbe avere un animale domestico.

Posso avere un animale domestico, **per favore** !

Che cos'è?

Ho un cavallo! È grande. Si chiama Apollo. È marrone.

Adesso Marco ha un animale domestico.

Mi piacciono MOLTO i cavalli.

Il mio animale domestico preferito è il cavallo.

</td><td>

In Rome lives a boy called Marco.

Hello Marco! Do you have a pet?

No, I don't have a pet.

And you Rosa? Do you have a pet?

I have a rabbit. It's big. It's called Dido. It's grey.

How nice! I like rabbits.

I would like to have a rabbit.

Hello Marco! Do you have a pet?

No, I don't have a pet.

And you Antonio? Do you have a pet?

I have a snake. It's big. It's called Hugo. It's green.

How nice! I like snakes.

I would like to have a snake.

Hello Marco! Do you have a pet?

No, I don't have a pet.

And you Anna? Do you have a pet?

I have a cat. It's small. It's called Cocco. It's white.

How nice! I like cats.

I would like to have a cat.

Hello Marco! Do you have a pet?

No, I don't have a pet.

And you Eva? Do you have a pet?

I have a fish. It's small. It's called Nemo. It's orange.

How nice! I like fish.

I would like to have a fish.

Hello Marco! Do you have a pet?

No, I don't have a pet.

And you Carlos? Do you have a pet?

I have a dog. It's big. It's called Valentino. It's brown.

How nice! I like dogs.

I would like to have a dog.

I don't have a pet!

One day Marco finds a euro coin.

Marco makes a wish.

I would like to have a pet.

May I have a pet, please!

What's this?

I have a horse! It's big. It's called Apollo. It's brown.

Now Marco has a pet.

I like horses A LOT.

My favourite pet is a horse.

</td></tr>
</table>

Let's sing a song!

The following words could either be sung to a made up tune, or you could try saying the words as a rap.

For inspiration of a melody to use you could hum first a nursery rhyme. How many different versions can you create using the lyrics?

Ho un coniglio, ho un coniglio
È grande, è grande
Si chiama Dido, Si chiama Dido
È grigio, è grigio

Ho un serpente, ho un serpente
È grande, è grande
Si chiama Hugo, si chiama Hugo
È verde, è verde

Ho un gatto, ho un gatto
È piccolo, è piccolo
Si chiama Cocco, si chiama Cocco
È bianco, è bianco

Ho un pesce, ho un pesce
È piccolo, è piccolo
Si chiama Nemo, si chiama Nemo
È arancione, è arancione

Ho un cane, ho un cane
È grande, è grande
Si chiama Valentino, si chiama Valentino
È marrone, è marrone

Ho un cavallo, Ho un cavallo
È grande, è grande
Si chiama Apollo, si chiama Apollo
È marrone, è marrone

Follow on activity: Can you remember the correct order the animals appear in the story? You can check your answers by either looking back in the story, or by reading the song lyrics.

For children aged 7-11 there are also the following books by Joanne Leyland:

La Scimmia Che Cambia Colore

A monkey changes colour when he eats something of a different colour. Will he ever return to his usual colour? **Topics**: General conversation, days, colours, food, opinions.

Un Alieno Sulla Tera

An alien visiting Earth is curious why there are so many things.
Topics: General conversation, clothes, weather, activities.

Italian Word Games

Have fun learning Italian whilst playing games! The 15 topics include the house, the town, the summer, the family, the farm, fruit, ice creams, winter, sea, the restaurant, the supermarket …

First 100 Words In Italian Coloring Book
Cool Kids Speak Italian

The 100 Italian words include food, animals, transport, toys, clothes, a fairy, a dinosaur, a mermaid, a dragon etc. The 30 delightful pages all have borders and are single sided.

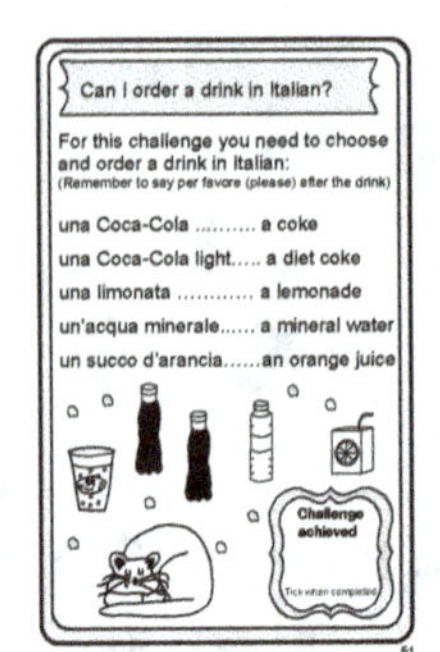

On Holiday In Italy Cool Kids Speak Italian

Designed especially to teach Italian to children who are going on holiday, and then to challenge them to speak Italian whilst away.

Topics include: Greetings, Essential words, Numbers, Drinks, Italian food, Ice creams, Hotels, Campsites & Around town.

For more information about learning Italian and the great books by Joanne Leyland go to
https://funitalianforkids.com